AF302537

AIDER SON ENFANT À MIEUX DORMIR
SECONDE PARTIE

Une bonne journée commence par une bonne nuit

Par Dominique van der Kaa
Sous la direction de Céline Faidherbe

50MINUTES.fr

AIDER SON ENFANT À MIEUX DORMIR

UNE BONNE JOURNÉE PASSE PAR UNE BONNE NUIT DE SOMMEIL

- **Problématique ?** Le sommeil, qui peut sembler être du temps perdu pour l'enfant, lui permet de bien grandir, de faire de bons apprentissages et de se développer harmonieusement. Le rapport au sommeil se construit dès la naissance et les parents ont une responsabilité éducative vis-à-vis de celui-ci. Il est donc primordial de pouvoir mettre en place, à la maison, des conditions favorables au sommeil de l'enfant.
- **Objectifs ?** Aider les parents à mettre en place les meilleures stratégies pour que leur enfant passe une bonne nuit.
- **FAQ ?**
  - Que faire si mon enfant refuse d'aller au lit ?
  - Mon nouveau-né doit-il dormir dans ma chambre ou bien tout seul ?
  - Comment savoir si mon enfant a suffisam-

ment dormi ?
  ◦ <u>Qu'est-ce que la chronothérapie ?</u>

Aujourd'hui, pour diverses raisons liées à nos modes de vie actuels, beaucoup d'enfants sont en dette de sommeil. Or un manque de sommeil peut avoir des conséquences désastreuses sur la santé de l'enfant. C'est en effet pendant le sommeil que l'hormone de croissance est sécrétée, que la mémoire se construit et que l'enfant récupère de ses fatigues physiques et nerveuses.

Pour bien dormir, un apprentissage du rythme veille/sommeil dans une ambiance sereine et détendue est nécessaire. C'est le rôle des parents que de mettre en place des conditions favorables au sommeil de leur enfant.

Malgré tout, tout enfant souffre à un moment ou l'autre de difficultés à dormir la nuit, à faire une sieste ou à aller se coucher le soir. Que faire ? En 50 minutes, apprenez à reconnaître les signes de fatigue chez votre enfant, les troubles qui peuvent affecter son sommeil et découvrez les solutions à mettre en place à la maison.

LE SOMMEIL

CHEZ L'ADULTE

Le sommeil se déroule par cycles d'une durée moyenne de 90 minutes qui se répètent quatre à six fois au cours d'une nuit. Chaque cycle est composé de phases qui représentent le train du sommeil :

- **l'endormissement.** C'est le moment où nous ressentons des signes de fatigue : paupières lourdes, sensation de froid, etc. Si nous ne couchons pas à ce moment-là, nous ratons le train du sommeil et une nouvelle phase d'éveil actif se met en place ;
- **le sommeil lent.** Le sommeil est d'abord léger, puis plus profond. Pendant cette période, les ondes cérébrales sont plus lentes. Le cerveau est peu actif et nous ne percevons plus notre environnement. C'est le moment où nous récupérons de la fatigue physique. La relaxation musculaire est marquée et toutes les fonctions vitales sont ralenties. C'est également durant le sommeil lent que les hormones de

croissance sont sécrétées. Ce sommeil prédomine lors des premières heures de la nuit. En cas de réveil brutal, il nous faut faire un effort pour nous éveiller complètement. Nous sommes confus et ne cherchons qu'à nous rendormir ;

• **le sommeil paradoxal.** C'est le moment des rêves, celui où nous récupérons de la fatigue nerveuse. Le corps est profondément endormi, presque paralysé, alors que certaines zones du cerveau sont très actives. Comme les yeux bougent sous les paupières, ce sommeil est également appelé sommeil R.E.M. (*Rapid Eye Movement*).

Entre chaque cycle, nous connaissons une brève phase de sommeil intermédiaire (qui remplace la phase initiale d'endormissement), accompagnée de microréveils où la moindre perturbation peut nous réveiller très facilement.

QUAND RÊVONS-NOUS ?

Sommeil lent et sommeil paradoxal s'alternent au cours de la nuit, mais au plus la nuit avance, au plus la durée du sommeil paradoxal devient longue. C'est pourquoi nous rêvons plus le matin qu'en début de nuit.

CHEZ L'ENFANT

Le sommeil évolue avec l'âge de l'enfant. Dans les premiers mois de vie, les cycles du sommeil du bébé – qui durent en moyenne de 40 à 60 minutes – ne sont pas organisés de la même façon dans le temps que ceux de l'adulte.

Beaucoup de nouveau-nés s'endorment en phase de sommeil agité (qui correspond au sommeil paradoxal chez l'adulte) : ainsi ont-ils des mouvements oculaires rapides, différentes expressions faciales, etc. Ils passent ensuite par une phase de sommeil calme (équivalent du sommeil lent de l'enfant et de l'adulte), tout en maintenant un certain tonus musculaire. Généralement, il faut attendre le deuxième ou troisième mois pour que le nourrisson s'endorme en sommeil calme.

Chez le nouveau-né, le sommeil paradoxal représente 60 % du temps de sommeil total, pour descendre à 25 % la deuxième année, comme pour l'adulte. Ce n'est qu'à partir de 4 ou 5 ans que les nuits de l'enfant sont semblables à celles de l'adulte.

Bien sûr, nous ne sommes pas tous égaux face au sommeil : il y a de petits et de grands dormeurs. À titre indicatif, la durée de sommeil est en moyenne de :

- 16 à 20 heures à la naissance ;
- 16 à 18 heures à 3 mois ;
- 14 à 16 heures à 1 an ;
- 12 à 14 heures à 3 ans (dont 2 heures de sieste) ;
- 11 heures à 10 ans ;
- 8 à 10 heures à la puberté.

La sieste

HORA SEXTA

Le mot « sieste » vient du latin « *hora sexta* » qui veut dire « sixième heure ». Il s'agit de la sixième heure après le lever du soleil, moment de repos dans les pays chauds lorsque le soleil est au zénith et que la chaleur ne permet pas d'activités très physiques.

La sieste a toute son importance, car elle améliore autant la mémoire que la concentration et permet une récupération musculaire. Pour autant, elle doit s'ajuster à l'âge et aux besoins de sommeil de l'enfant :

- **de 0 à 3 mois :** le nourrisson présente quatre à six périodes de sommeil dans la journée ;
- **de 4 à 7 mois :** le nouveau-né fait une sieste le matin, une en début d'après-midi et une courte sieste (de 30 à 45 minutes) en fin d'après-midi. Il ne devrait pas rester éveillé plus de deux heures d'affilée avant l'âge de 6 ou 7 mois ;
- **de 8 à 16 mois :** le bébé fait une sieste le matin et une sieste en début d'après-midi ;
- **à partir de 18 mois :** l'enfant fait une sieste de deux à trois heures en début d'après-midi ;
- **vers 4 ou 5 ans :** une période de repos de 45 minutes sur un matelas est proposée à l'enfant à l'école ;
- **vers 5 ans :** la sieste est abandonnée, le plus souvent à l'école, mais un petit moment de détente après le repas de midi est organisé.

Quelques conseils :

- la sieste doit suivre le repas de midi. Sinon, l'enfant s'endort trop tard dans l'après-midi et ne dispose pas d'une période d'éveil suffisamment longue entre la sieste et le moment du coucher le soir ;
- la sieste n'est pas une punition. Elle doit représenter une pause bénéfique dans la journée ;
- elle ne doit pas être associée au statut de bébé. Il ne faut pas lui donner un caractère négatif ;
- respectez un horaire, y compris les week-ends et jours de congé ;
- vous pouvez également instaurer un rituel qui rythme la journée, comme lire une petite histoire après le repas avant d'aller faire la sieste.

Le refus d'un enfant de faire la sieste est bien souvent un jeu consistant à s'opposer aux règles établies par l'adulte. Mais on ne peut pas obliger quelqu'un à dormir et l'adulte doit accepter que l'enfant ne fasse pas de sieste. Il doit alors lui proposer un temps de repos (de 45 minutes) où il se trouve allongé sans stimulation (c'est-à-dire sans jeu, livre ou autre).

Si l'enfant ne fait pas de sieste et qu'il ne peut avoir de temps de repos, les parents doivent rester vigilants et chercher les signes de manque de sommeil (irritabilité, pleurs, humeur changeante, etc.), car l'excès de fatigue que l'enfant accumule risque de retarder son endormissement à l'heure du coucher. Cette dette de sommeil diminue ses capacités d'apprentissage et de concentration, affaiblit son système immunitaire et le rend plus fragile aux infections. Elle engendre également des difficultés à s'adapter à de nouvelles situations.

Les signes de fatigue chez l'enfant

Le sommeil est régulé par des horloges biologiques qui ne se commandent pas à volonté. Afin d'attraper le train du sommeil au bon moment, il est impératif de détecter les signes de fatigue qui se manifestent chez l'enfant. C'est aux parents qu'il revient de chercher ces signes annonciateurs, car l'enfant reconnaît rarement son besoin de sommeil.

Observez votre enfant :

- il baille, se frotte les yeux, le nez ou les oreilles ;
- son regard devient vague ;
- il semble avoir froid et se pelotonne (sa température corporelle baisse) ;
- il devient de plus en plus maladroit, il peut se cogner ou tomber ;
- ses mouvements manquent de coordination, il a des gestes saccadés ;
- son tonus musculaire baisse.

Observez son comportement :

- il devient vite irritable ;
- il éprouve des difficultés pour se concentrer ;
- il pleure ;
- il peut devenir surexcité ou chercher à se faire prendre dans les bras ;
- il prend son doudou ou autre objet de transition (objet auquel l'enfant s'attache parce qu'il représente une présence rassurante) et commence à se bercer.

Dès que votre enfant présente ces signes annonciateurs du sommeil, mettez-le au lit dans les 10 minutes pour qu'il puisse s'endormir facilement. Si vous retardez cette mise au lit, votre enfant se fatigue encore plus, risque de s'énerver et de ne plus pouvoir trouver le sommeil.

LE MARCHAND DE SABLE

Dans le monde francophone – sauf au Canada où l'on parle plutôt du « Bonhomme Sept Heures » –, le marchand de sable tire son origine de Sandmann, un personnage issu des cultures nordiques qui, depuis le XVIIe siècle, est chargé d'endormir les enfants en faisant picoter leurs yeux à l'aide de sable.

ADAPTER SON SOMMEIL À CHAQUE ÂGE

LE NOURRISSON ET LE BÉBÉ

Lors des premières semaines de vie, le nouveau-né se réveille environ toutes les trois ou quatre heures, essentiellement pour se nourrir. Il ne fait pas la différence entre le jour et la nuit. En effet, la périodicité jour/nuit n'apparaît que vers la fin du premier mois. À ce moment, le nouveau-né présente généralement une longue phase d'éveil en soirée, entre 17 heures et 22 heures, et une période de sommeil, la nuit, qui s'allonge progressivement. Ce n'est que vers 3 ou 4 mois qu'il distingue le jour de la nuit.

Pour l'aider à trouver des repères et marquer les différences entre le jour et la nuit, faites-le dormir en journée avec une lumière tamisée et dans le noir durant la nuit. La journée, ne faites pas particulièrement attention aux bruits mais la nuit, respectez le silence.

Le soir, si votre nouveau-né pleure et que vous êtes sûr(e) qu'il ne souffre pas, laissez-lui un peu de temps (quelques minutes) avant d'intervenir. Être parent, c'est aussi accorder à votre nourrisson le droit de pleurer. En effet, certains bébés ont besoin de pleurer dès qu'ils sont mis au lit le soir : il s'agit d'un moyen pour le nourrisson de se décharger des tensions et émotions accumulées au cours de la journée.

Quand votre nouveau-né est dans une phase de sommeil agité, il peut vous donner l'impression d'être réveillé : il a des mouvements oculaires, parfois même les yeux ouverts, ainsi que des mimiques faciales. Il peut aussi gazouiller ou geindre. Surtout, ne le réveillez pas, car ces réveils provoqués par l'adulte le fatiguent et le conditionnent à se réveiller après une période de rêves.

La majorité des nourrissons ne dorment plusieurs nuits complètes de suite qu'au bout de plusieurs mois. À 6 mois, 33 % des nouveau-nés se réveillent encore chaque nuit. Les raisons en sont diverses :

- la faim ;
- la douleur physique (troubles digestifs, poussée dentaire, température, etc.) ;
- un inconfort (chaud, froid, doudou qui gêne, etc.).

Avant l'âge de 6 mois, on estime que le bébé ne fait pas de caprices quand il se réveille la nuit et qu'il pleure uniquement parce que c'est le seul moyen qu'il a à sa disposition pour exprimer ses besoins et ses sentiments. Ayez donc une écoute bienveillante.

Ensuite, si votre nourrisson se réveille la nuit, laissez-le sans intervenir afin qu'il puisse passer par lui-même d'un cycle de sommeil à un autre. Bien souvent, il se rendort tout seul. Si vous

intervenez immédiatement, votre enfant consi-
dérera qu'il est normal que vous arriviez et finira
par réclamer votre présence chaque nuit. Si
nécessaire, rassurez-le en lui parlant, mais évitez
de le prendre dans les bras.

Bonne nuit mon petit !

Dès la naissance, pensez à dire bonne nuit
à votre enfant quand vous le mettez au lit
le soir. On oublie trop souvent de parler et
d'expliquer à son bébé ce que l'on attend de
lui. Ainsi, à chaque fois que vous pronon-
cerez ces mots, votre enfant se mettra en
condition pour s'endormir.

À partir de 8 ou 9 mois, le bébé reconnaît les
visages familiers, dont celui de sa mère qui
devient une personne à part entière et dont il
est dépendant. Il découvre l'angoisse de la séparation. Le coucher devient le moment où il doit
affronter seul ses inquiétudes de la nuit.

Cette période est marquée par des difficultés
d'endormissement qui exigent l'installation de
petits rituels avant le coucher ainsi que l'acqui-

sition d'un objet de réconfort (le doudou). Votre enfant peut chercher à prolonger le contact en pleurant. C'est ce que l'on appelle le syndrome du rappel. Vous devrez alors faire preuve d'une fermeté bienveillante, car un enfant a tout de même besoin de se sentir aimé et en sécurité pour pouvoir rester seul.

LE TRÈS JEUNE ENFANT (2 À 6 ANS)

Lorsque l'enfant est âgé de 2 à 6 ans, l'heure du coucher devient un moment d'angoisse et peut vous rendre la tâche plus compliquée. L'enfant refuse d'aller se coucher, réclame histoire après histoire, est excité le soir, etc. Il est alors important de toujours suivre la même routine, en respectant le même horaire. Montrez-vous également toujours ferme mais calme.

Ne menacez jamais votre enfant de le mettre au lit parce qu'il est énervé ou trop bruyant. Le sommeil n'est pas une punition mais une étape nécessaire à son épanouissement.

À cet âge, les enfants se réveillent souvent la nuit, parfois plusieurs fois. Bien souvent, l'enfant reste calme dans son lit ou joue un peu avec son doudou avant de se rendormir. Les problèmes surgissent quand il demande la présence d'un adulte. Dans ce cas, restez calme et ferme en lui expliquant que la nuit est faite pour dormir tant pour lui que pour vous. Si vous cédez aux colères de votre enfant, il continuera à tester et à chercher vos limites pour mieux s'y opposer.

Vers 2 ans, certains enfants commencent à avoir peur de l'obscurité. Vous pouvez alors installer une petite veilleuse, de préférence de couleur bleue.

Ne supprimez pas la sieste de votre enfant en pensant qu'il ira dormir plus facilement le soir. De même, ne le mettez pas au lit plus tard sous prétexte qu'il s'endort difficilement. Dans les deux cas, vous le privez d'heures de sommeil bien nécessaires. Repensez plutôt vos rituels du coucher et recherchez les associations inadaptées qui retarderaient l'endormissement de votre enfant.

L'ENFANT DE 7 À 12 ANS

Votre enfant a encore besoin de 10 à 12 heures de sommeil. Afin qu'il ait suffisamment dormi, adaptez l'heure du coucher en fonction de son heure du réveil pour aller à l'école. Si votre enfant refuse d'aller dormir parce qu'il croit que le sommeil consiste à ne rien faire et représente du temps perdu, expliquez-lui que le sommeil lui permet de grandir, de mémoriser ce qu'il a appris durant la journée, d'être de bonne humeur et en bonne santé.

À cet âge, le sommeil est généralement de bonne qualité. Le problème le plus fréquemment rencontré est la peur des monstres et de l'obscurité. L'une des responsables de ces frayeurs est la télévision. Surveillez les émissions télévisées de votre enfant et soyez à l'écoute lorsqu'il exprime ses craintes et soucis rencontrés en journée (difficultés scolaires ou autres). Le simple fait d'en parler permet déjà d'exorciser les angoisses et de mieux dormir. S'il a peur du noir, placez une veilleuse dans la chambre. Pensez également à éteindre l'ordinateur ainsi que les jeux vidéo au moins une heure avant l'heure du coucher.

L'enfant peut avoir ce que l'on appelle des illusions hypnagogiques. Il s'agit d'hallucinations visuelles ou auditives créées à partir de sons ou d'images réelles mais déformées. Elles sont tout à fait normales et précèdent immédiatement l'endormissement. Elles peuvent générer des angoisses comme la sensation d'une présence inquiétante ou d'un animal agressif. Expliquez à votre enfant que tout va bien et qu'il n'a rien à craindre. Laissez une petite lampe allumée et la porte entrouverte.

Si votre enfant retarde l'heure d'aller au lit ou traîne dans son lit le matin, appliquez la règle suivante : retranchez autant de minutes de retard du coucher ou du lever lors du coucher suivant. Par exemple, si votre enfant est allé se coucher 20 minutes plus tard que d'habitude, couchez-le 20 minutes plus tôt le lendemain. Faites de même s'il s'est levé avec 20 minutes de retard. Et surtout, n'oubliez pas que la règle doit être constante.

Enfin, évitez les repas trop copieux le soir ainsi que les sucreries, les sodas, le chocolat chaud, etc.

TEST

Si vous suspectez un manque de sommeil chez votre enfant ou si vous le trouvez fort somnolent durant la journée, vous pouvez réaliser un test qui vous permettra de jauger la qualité de son sommeil. Indiquez, parmi les huit situations ci-dessous, la probabilité qu'aurait l'enfant de s'endormir :

Activité	Niveau
Assis l'après-midi, en train de lire ou de jouer calmement	0/1/2/3
Dans un transport, pour un trajet de plus d'une heure	0/1/2/3
À l'école, pendant une séance de relaxation ou une projection de film	0/1/2/3
À l'école, pendant une récréation ou une punition	0/1/2/3
Allongé pour une sieste, dans l'après-midi	0/1/2/3
Le matin, à l'heure de se lever pour aller à l'école	0/1/2/3
Assis comme passager, plus de 20 minutes sur le trajet de l'école (aller ou retour)	0/1/2/3
Tranquillement assis au milieu d'un groupe	0/1/2/3

0 = non, il ne somnolerait pas
1 = oui, il y a un petit risque qu'il somnole
2 = il lui arrive souvent de s'endormir
3 = il s'endort presque à chaque fois

Un score supérieur à 10 est le témoin d'une souffrance. Il se peut que l'enfant soit, sans le savoir, pénalisé par un trouble du sommeil. Discutez de ce résultat avec votre médecin.

L'établissement d'un agenda veille/sommeil pendant quelques semaines peut vous aider à identifier les comportements qui pourraient contribuer à cette somnolence excessive (mésestimation du temps consacré au sommeil ou horaires trop irréguliers).

L'ADOLESCENT (13-18 ANS)

Le sommeil de l'enfant change à l'adolescence. La quantité de sommeil profond diminue au profit d'un sommeil plus léger qui s'accompagne fréquemment de difficultés d'endormissement. La conséquence en est une dette chronique de sommeil.

Pour rattraper ce manque de sommeil, l'adolescent fait la grasse matinée dès qu'il le peut. Ce n'est donc pas simplement par paresse qu'il reste au lit. Ce phénomène est renforcé par sa vie sociale qui le fait aller se coucher de plus en plus tard : il aime sortir le soir, regarder la télévision, jouer sur son ordinateur, etc. Il peut aussi contracter de mauvaises habitudes, comme pratiquer un sport intensif juste avant d'aller dormir, se préparer une collation importante, etc.

Pour pallier son besoin de dormir, il peut avoir recours au café, aux boissons énergisantes, au tabac, voire aux drogues comme les amphétamines (avec leur effet stimulant). Il est donc très important d'observer quelques règles afin de l'aider à bien dormir :

- veillez à ce que votre ado dorme un nombre d'heures suffisant afin qu'il se réveille en pleine forme ;
- ne laissez pas votre enfant aller dormir trop tard le week-end, car il risque d'être décalé toute la semaine. L'idéal est d'avoir un horaire régulier de coucher et de lever. Si, un soir, il va dormir tard, il faut que, le lendemain, il se lève malgré tout à une heure raisonnable afin qu'il puisse se rendormir le soir sans décaler son horaire ;
- évitez les écrans dans sa chambre ;
- respectez le rythme circadien (rythme biologique de 24 heures) avec des activités stimulantes en journée et plus calmes en soirée ;
- évitez tout stimulant après le repas du soir (tabac, soda, café, alcool, sucreries, etc.) ;
- expliquez à votre enfant l'importance du sommeil pour sa santé, sa mémoire, sa concentration et ses performances scolaires.

QUELQUES CONDITIONS POUR BIEN DORMIR

Un enfant qui dort bien va au lit de bon cœur, s'endort calmement et se réveille de bonne humeur le lendemain matin. Il est donc primordial de mettre en place toutes les conditions favorables au sommeil de votre enfant. Même s'il n'y a pas de solution miracle qui permette le sommeil idéal du bébé ou de l'enfant, certaines astuces et règles peuvent toutefois améliorer son sommeil. Mais n'ayez pas d'attentes irréalistes : n'exigez pas que votre enfant s'endorme de suite quand vous le couchez. Il peut mettre un certain temps pour s'endormir : aussi est-il important de respecter son rythme.

LA CHAMBRE, UN ENVIRONNEMENT PROPICE AU SOMMEIL

- Choisissez une pièce au calme pour ne pas perturber son sommeil (évitez donc les chambres qui donnent sur la rue, d'autant plus si elle est bruyante).
- Privilégiez des murs aux tons pastel.
- Placez le lit à l'abri des courants d'air.
- Maintenez une température idéale, autour de 18° Celsius.
- Aérez quotidiennement la chambre.
- Évitez les tapis ou moquettes et limitez le nombre de peluches afin de diminuer les risques d'allergies.
- Interdisez l'accès de la chambre à votre animal domestique.
- Évitez les fumées (de cigarettes ou autres drogues) près du bébé.
- Réglez le *babyphone* en sourdine et placez-le au minimum à un mètre du lit afin que votre enfant reçoive le moins d'ondes électromagnétiques possible.

Dès les premiers jours, le lit doit être un espace protecteur et sécurisé. Pour cela, respectez quelques règles qui minimisent les risques de mort subite du nourrisson (syndrome qui entraîne la mort soudaine et inexpliquée par arrêt respiratoire d'un nourrisson durant son sommeil) et favorisent le confort de votre enfant.

- Prenez un lit respectant les normes de sécurité.
- Choisissez un matelas ferme aux dimensions adaptées à celles du lit.
- Supprimez couette et oreiller pour éviter tout risque d'étouffement. Préférez une gigoteuse (ou turbulette).
- Optez pour des draps en jersey (tissu fin tricoté en coton ou en fibres synthétiques) ou en percale (tissu fin de coton de qualité supérieure).
- Méfiez-vous des alèzes doublées de plastique qui favorisent la transpiration.
- Habillez votre enfant de vêtements en matières naturelles et souples.
- Faites dormir votre bébé sur le dos ou légèrement sur le côté en évitant à tout prix la position sur le ventre, jusqu'à ce qu'il puisse se retourner seul.

- Retirez doudou, peluches, jeux et objets à ficelles comme les bavoirs, attache-sucettes, boîtes à musique, etc. qui pourraient causer un étouffement.
- Dans la même optique, ôtez les colliers que le bébé pourrait avoir autour du cou (chaînette, collier d'ambre, etc.) avant de le mettre au lit.

LE DOUDOU POUR RASSURER

Vers 8 ou 9 mois, le bébé croit que sa maman disparaît quand celle-ci sort de son champ de vision. Il peut alors adopter un objet transitionnel qui le rassure, le réconforte et remplace la maman quand elle est absente. Cet objet, choisi par l'enfant, peut être une peluche, une couverture, un coussin, etc.

Laissez le doudou dans le lit de votre enfant afin qu'il soit associé au besoin de repos. Mais en cas de chagrin, laissez votre enfant reprendre son doudou s'il le souhaite.

Ne jetez jamais le doudou de votre enfant sans son autorisation, même s'il est informe, usé et d'une propreté douteuse. Afin de pallier ce problème, il est recommandé d'acheter un deuxième doudou identique au premier afin de pouvoir le laver régulièrement ou le remplacer en cas d'usure.

LA JOURNÉE, ON BOUGE !

L'activité physique est une alliée de l'enfant (comme de l'adulte d'ailleurs !) : elle augmente le débit sanguin et permet ainsi un meilleur fonctionnement des différents systèmes (musculaire, immunitaire et glandulaire, qui commande les hormones). De plus, elle favorise le sommeil profond.

L'idéal est de pouvoir se dépenser quotidiennement à l'extérieur, si le temps le permet. Avoir ainsi de bonnes habitudes dès le plus jeune âge contribue à une meilleure qualité de vie et a un impact positif sur le sommeil.

À L'HEURE DU COUCHER

L'heure qui précède le sommeil

Cette heure, très importante tant sur le plan physique que sur le plan affectif, doit préparer l'enfant à s'endormir facilement et paisiblement.

- Le moment du bain, par exemple, peut permettre à l'enfant de se relaxer et de partager un moment d'intimité avec l'adulte.
- L'alimentation avant le coucher est également très importante. Évitez les repas copieux le soir et même toute nourriture une demi-heure avant le coucher.
- N'imposez pas d'activités physiques intensives à votre enfant avant l'heure du coucher. Le calme est à préconiser.
- Limitez vos déplacements et les va-et-vient dans la maison ainsi que les bruits, les cris, etc. Essayez d'instaurer une ambiance paisible.
- Offrez à votre enfant une bonne dose de tendresse avec des gestes, des paroles qui le rassurent et lui prouvent qu'il est aimé.

Un horaire régulier

Donnez un rythme de vie régulier à votre enfant en adoptant un horaire stable (autant pour l'heure du coucher que celui du repas), car un enfant a besoin d'une vie bien structurée. La mise en place d'une routine va lui procurer un sentiment de sécurité.

De petits rituels pour aller dormir

Les rituels donnent des repères de lieux et de temps à l'enfant et l'aident ainsi à être en confiance. Instaurer une routine chaque soir permet de créer une ambiance calme, pleine de tendresse et de complicité et de laisser une place aux confidences avant qu'il ne s'endorme. Ce moment passé ensemble marque la transition entre l'éveil et le sommeil.

Sachez que ce ne sont pas les éléments de la routine qui prédisposent au sommeil, mais bien la répétition de ces activités qui crée un réflexe conditionné dont le but est l'endormissement. Chaque enfant a ses préférences : le bain, un mobile, un câlin, une histoire, une berceuse, un massage, etc. À vous de découvrir ce qui fonctionne le mieux afin que votre enfant comprenne que l'heure du coucher arrive. Prévenez-le aussi qu'il va bientôt aller dormir.

Le rituel doit permettre à votre enfant d'aller au lit sur une note positive. Alors, n'hésitez pas à lui dire que vous l'aimez. Ne laissez pas non plus votre enfant prolonger et complexifier ces rituels (par exemple : il redemande une histoire ou exige que vous donniez des bisous à toutes ses peluches). C'est à vous d'établir des limites et de les faire respecter.

Il y a quelques règles à suivre :

- consacrez 15 à 20 minutes pour ces rituels en y accordant toute votre attention. Ce temps est suffisant pour que votre ou vos enfants se détendent et ne doit pas être dépassé ;
- mettez votre enfant au lit alors qu'il est encore réveillé ;
- même si l'un des deux parents rentre tard, ne changez pas l'heure du coucher ;
- sensibilisez votre enfant aux bienfaits du sommeil. Ce rituel est l'occasion de lui rappeler qu'il grandit pendant qu'il dort, qu'il devient plus intelligent car il mémorise ce qu'il a ap-

pris, etc.

Dès que votre enfant sera rassuré avec ces petits rites, il pourra s'endormir seul. Son lit devient alors son domaine, un espace qu'il aime et qui lui appartient.

S'endormir seul

Il faut, dès la naissance, apprendre au nouveau-né à s'endormir seul, sans aide extérieure. Si l'enfant n'en a pas pris l'habitude, il augmente le risque de se réveiller complètement lors des microréveils entre deux phases de sommeil, simplement parce que l'environnement pour s'endormir a changé (il ne se retrouve plus dans les bras de maman ou de papa, par exemple) et il aura de nouveau besoin de votre présence pour se rendormir. C'est pourquoi il vaut mieux éviter de le bercer jusqu'à ce qu'il s'endorme et le coucher alors qu'il est encore éveillé.

UNE ENNEMIE : LA TÉLÉVISION

Évitez la télévision et, plus généralement, les écrans (ordinateurs, tablettes, smartphones, etc.) avant l'heure du coucher. Ceux-ci sont de véritables dévoreurs de sommeil, d'abord parce que l'enfant rechigne bien souvent à quitter le divertissement en cours, ce qui ne le met pas dans de bonnes conditions pour aller se coucher ; ensuite parce que l'excitation générée par ce type d'activité a pour conséquence qu'il s'endort plus difficilement et dort moins longtemps.

LES ENFANTS ET LA TÉLÉVISION

Selon une étude de Judith Owens (neurologue et directrice du Centre pour les troubles du sommeil pédiatrique à l'hôpital des enfants de Boston), la télévision, généralement associée à la relaxation chez l'adulte, produit l'effet inverse chez l'enfant. Lors de son étude sur 495 enfants en âge préscolaire et scolaire :

- plus de 25 % des enfants avaient une télévision dans leur chambre ;
- 76 % des parents reconnaissaient que la télévision faisait partie du rituel du coucher ;
- 16 % des parents affirmaient que leur enfant s'endormait au moins deux soirs par semaine devant la télévision ;

- 40 % des parents ont observé des troubles du sommeil chez leur enfant, avec notamment une difficulté pour s'endormir.

L'APPLICATION CONSTANTE DES RÈGLES

S'il est profitable, pour votre enfant, de respecter ces quelques conseils, il est également important d'être constant. Respectez toujours les horaires (en semaine comme en week-end), les rituels du coucher, et ne cédez pas aux demandes excentriques de votre enfant (par exemple, aller se coucher sur le canapé). En effet, avoir des règles fermes et constantes lui permet un meilleur développement.

PETIT PLUS

Gardez à l'esprit que dans un couple, l'éducation se fait à deux et que les parents ne doivent pas se contredire dans leurs principes éducatifs ! Ils doivent rester unis et solidaires en adoptant les mêmes règles. Dans le cas contraire, l'enfant pourrait profiter de cette discorde pour se libérer des contraintes et faire ce qu'il lui plaît.

LES TROUBLES DU SOMMEIL

Près de 30 à 40 % des bébés, 25 % des enfants et 20 % des adolescents souffrent de troubles du sommeil. Tous les troubles du sommeil ne perturbent pas forcément la qualité du sommeil – le somnambulisme par exemple –, mais sont considérés comme indésirables pour d'autres raisons – risque de se blesser par exemple, pour reprendre le cas du somnambulisme.

Les causes organiques et médicales sont assez rares et la prescription d'un somnifère n'est pas nécessairement la bonne réponse. La plupart des problèmes de sommeil sont sans gravité et peuvent être résolus rapidement. Cependant, ils nécessitent une motivation et une constance de la part des parents.

LES DIFFICULTÉS D'ENDORMISSEMENT

La problématique et ses causes

Ainsi les difficultés d'endormissement des tout-petits sont-elles, dans la majorité des cas, sans signification pathologique. Ces troubles de l'endormissement résultent généralement de mauvaises habitudes instaurées par les parents, comme celle de rester à côté de son enfant en attendant qu'il s'endorme, lui tenir la main, etc.

Il faut savoir aussi qu'il est impossible d'obliger un enfant à s'endormir si son cerveau n'est pas prêt au sommeil. C'est pourquoi il est important de détecter les signes de fatigue et le besoin de sommeil de l'enfant afin de ne pas manquer la phase d'endormissement naturelle. Les méconnaître, c'est induire des troubles de l'endormissement. Un bon endormissement se prépare.

Il existe plusieurs causes qui peuvent induire un trouble à ce niveau.

- Causes propres à l'enfant :
  - il est possible que votre enfant souffre

de petits troubles organiques tels que toux, congestion nasale, érythème fessier, oxyures (petits vers parasitant le tube digestif), otite, poussée dentaire, trouble digestif, etc. ;

- à partir de 9 mois généralement, c'est l'appréhension de la séparation affective à la mère qui crée une opposition au coucher ;

- les peurs du coucher apparaissent vers 3 ans et peuvent persister jusqu'à 6 ans. Elles sont multiples : peur du noir, des monstres, des animaux, etc. L'objet de la peur est souvent inspiré d'un événement récent (film, livre, histoire racontée, etc.).

- Causes extérieures à l'enfant :
  - l'excitation des jeux collectifs qui stimule l'éveil ;
  - les moqueries suscitées par les mimiques qu'un enfant luttant contre le sommeil peut faire ;
  - la télévision ;
  - la vie familiale qui induit de la promiscuité, du bruit, des horaires familiaux inadaptés, comme un parent qui rentre tard le soir et qui veut voir son nourrisson avant que son conjoint ne le mette au lit ;

- les sorties en soirée ou les repas festifs à la maison ;
- certains médicaments ;
- etc.

Ces dernières sont nombreuses, et il est primordial de les connaître pour pouvoir les éliminer au maximum.

Les solutions

Les difficultés d'endormissement ont un caractère normal et sont généralement liées à des erreurs éducatives méconnues.

Repérer les signes de privation du sommeil permet d'évaluer un trouble du sommeil. Un enfant qui dort peu et fait des siestes très brèves, tout en ayant un comportement normal en journée, n'a probablement pas de trouble du sommeil. Par contre, un enfant grincheux en journée, fatigable, capricieux, irritable, anormalement hyperactif, qui a des difficultés d'endormissement ou des rythmes de sieste perturbés manque certainement de sommeil.

Pour y remédier, il faut proposer à l'enfant de bonnes conditions d'endormissement avec le respect des rites du coucher, un climat propice à la sérénité fait d'amour et de tendresse. Il s'agit d'apprendre au tout-petit à aimer le moment du coucher et à s'endormir seul. Pour y parvenir, en cas de difficultés, plusieurs méthodes peuvent être appliquées. Dans tous les cas, il est important de maintenir la stratégie que vous avez choisie et d'informer votre enfant de vos attentes. Voici deux manières d'y parvenir :

- après avoir installé votre enfant dans son lit et vérifié qu'il est bien en sécurité, faites-lui un câlin en lui expliquant que vous allez le laisser seul pour dormir et que tout ira bien. Quittez la chambre et n'allez plus le prendre s'il se met à pleurer, il finira par s'endormir. Le lendemain, félicitez-le de s'être endormi tout seul ;
- la tactique du baiser d'oiseau consiste à mettre votre enfant au lit en lui promettant de revenir lui faire un câlin ou lui donner un baiser dans une minute s'il reste allongé, et ce jusqu'à ce qu'il s'endorme. Les premiers jours vous devrez certainement donner beaucoup

de baisers, mais petit à petit, votre enfant s'endormira plus vite et normalement en une semaine, les difficultés d'endormissement auront disparu.

L'INSOMNIE

L'insomnie est une difficulté répétée à s'endormir et/ou à rester endormi(e). C'est la perturbation la plus fréquente. L'insomnie pédiatrique touche 20 à 40 % des enfants de moins de 3 ans et disparaît généralement vers 3-4 ans. Elle est essentiellement due à un problème lié à l'environnement et n'est donc pas une maladie primitive du sommeil (maladie intrinsèque au sommeil). On en recense différentes causes suivant les âges.

- **Jusqu'à 2-3 mois :** les réveils nocturnes sont normaux, rythmés par la sensation de faim. Le nouveau-né se rendort vite après une prise de lait. Il est impératif de respecter les rythmes de l'enfant et de ne pas lui imposer des horaires pour boire et dormir.
- **Entre 3 et 9 mois :** l'insomnie est plus rare et il faut rechercher des causes organiques en cas de réveil telles qu'une obstruction nasale,

une douleur dentaire, un reflux gastro-œso-phagien, une intolérance au lait ou autres troubles digestifs, etc.

- **À partir de 9 mois :** c'est l'âge où apparaît la véritable insomnie. Après une journée fatigante, l'enfant présente des difficultés d'endormissement, des réveils nocturnes fréquents et un réveil très matinal. Le phéno-mène s'entretient au fil des jours et crée des tensions familiales. Il faut rechercher :
  - des erreurs éducatives telles que change-ments de lit ou de chambre fréquents, vie familiale désordonnée, mauvaise habitude comme donner du lait ou de l'eau la nuit ou prendre le bébé dans son lit pour qu'il se rendorme vite, etc. ;
  - un environnement peu propice à l'endormis-sement, comme une trop grande promiscui-té ou un logement insalubre, inadapté ou bruyant ;
  - la prise de médicaments comme les antiépi-leptiques et certains médicaments prescrits pour calmer ou faire dormir l'enfant (tran-quillisants, neuroleptiques).

Après vous être assuré qu'il ne s'agit pas d'une cause médicale, auquel cas ce sera évidemment vers un médecin qu'il faudra vous tourner, corrigez les erreurs éducatives au besoin. Si votre bébé se réveille plusieurs fois par nuit, vous pouvez aller le voir, mais ne le prenez pas dans les bras. Rassurez-le, puis quittez la chambre. S'il continue à pleurer, retournez le voir après 5 minutes, toujours sans le prendre. Augmenter ainsi progressivement l'intervalle de temps entre vos visites jusqu'à ce qu'il s'endorme. Les nuits suivantes, attendez toujours un peu plus avant d'aller le voir.

Si la tension familiale devient vraiment trop importante, une brève séparation est parfois justifiée : on peut aller déposer l'enfant chez les grands-parents par exemple. En effet, l'enfant peut très bien ne présenter des insomnies qu'au sein de la famille.

LES CAUCHEMARS

La problématique et ses causes

Les cauchemars sont très fréquents chez les enfants et apparaissent généralement entre 3 et

6 ans. Leur fréquence diminue ensuite peu à peu avec l'âge de l'enfant. Ils se produisent pendant la phase de sommeil paradoxal et donc généralement en fin de nuit.

- L'enfant s'éveille brutalement, anxieux, très souvent en pleurs.
- Il lui faut du temps pour être rassuré et comprendre que ce qui l'a effrayé fait partie d'un rêve et ne s'est pas réellement passé.

Les solutions

- Rassurez et réconfortez votre enfant. Si nécessaire, inspectez la chambre pour lui montrer qu'il n'y a pas de monstre caché.
- Demandez-lui de vous raconter son mauvais rêve et essayer d'y trouver une fin positive, par exemple en lui suggérant d'être un héros dans l'histoire.
- Allumez une veilleuse et laissez la porte entrouverte.
- Si votre enfant est plus âgé, voire adolescent, écoutez-le et aidez-le à associer le cauchemar à des difficultés rencontrées en journée.

LE SYNDROME D'APNÉES OBSTRUCTIVES DU SOMMEIL (SAOS)

La problématique et ses causes

Il s'agit d'une obstruction prolongée des voies respiratoires supérieures, qu'elle soit complète ou intermittente, qui perturbe la qualité et le déroulement normal du sommeil.

De 1 à 3 % des enfants sont touchés mais cette fréquence est plus particulièrement présente entre 3 et 6 ans, sans prédominance de sexe. En journée, l'enfant ne présente pas systématiquement de somnolence comme on la rencontre chez l'adulte, mais il manifeste généralement des troubles du comportement comme de l'agressivité, de la timidité, de l'hyperactivité suivie de siestes brutales, une baisse des performances scolaires, de l'apathie, de la tristesse, etc. Ces éléments peuvent vous alerter sur la présence de ce syndrome.

La nuit, l'enfant présente :

- un ronflement associé à une respiration avec la bouche ouverte ;
- des apnées suivies d'une reprise de la respiration bruyante ;
- une position anormale dans son sommeil : position assise, à genoux ou la tête très en arrière ;
- une transpiration importante ;
- un sommeil agité.

Les raisons à rechercher sont une infection des voies aériennes supérieure, de l'asthme, des anomalies maxillo-faciales ou de l'obésité.

Chez les enfants plus grands, les symptômes ressemblent plus à ceux de l'adulte. L'enfant présente des céphalées matinales (maux de tête localisés), une somnolence anormale, parfois une énurésie secondaire (le pipi au lit) et un décrochage scolaire car son sommeil n'est pas réparateur.

Les solutions

Le traitement sera fonction de l'étiologie (étude des causes et facteurs d'une maladie) : ablation des amygdales et des végétations, traitement orthodontique, alimentation plus saine et exercices physiques, etc.

LES PARASOMNIES

Les parasomnies sont des troubles du sommeil qui entraînent des événements indésirables pendant la nuit, liés à un état dissocié du sommeil (un mélange de veille et de sommeil). Elles surviennent durant le sommeil lent ou le sommeil paradoxal. Transitoires, ces troubles sont signalés par l'entourage, non par l'enfant lui-même, car ils n'affectent en réalité pas la qualité du sommeil de l'enfant qui en est atteint.

Ils se manifestent par des gestes, des émotions, des rêves anormaux, etc. mais l'enfant en est totalement inconscient. Stress, anxiété, manque de sommeil ou fièvre en sont des facteurs favorisants.

Somnambulisme

L'enfant déambule de façon inconsciente durant le sommeil. Cette activité motrice est souvent accompagnée d'autres activités spontanées et coordonnées telles que l'usage de la parole. À son réveil, l'enfant ne se souvient de rien.

Les accès de somnambulisme surviennent au cours du sommeil lent et profond. 10 à 15 % des enfants entre 5 et 12 ans ont un accès de somnambulisme, mais seuls 4 à 5 % de cette population présentent plusieurs crises par mois. Souvent s'y associent somniloquie (le fait de parler durant son sommeil) et énurésie. Si les garçons sont plus touchés que les filles, des antécédents familiaux sont souvent constatés. Le somnambulisme disparaît bien souvent à la puberté.

Le somnambulisme se manifeste :

- brutalement une à trois heures après le coucher ;
- l'enfant se lève et marche, a le regard fixe, se cogne souvent mais ne se réveille pas ;
- il ne répond pas aux sollicitations ;

- spontanément ou reconduit par les parents, il se recouche et s'endort profondément ;
- il ne se souvient de rien le lendemain, même s'il se réveille en dehors de son lit.

Le danger du somnambulisme vient du fait que l'enfant peut utiliser des objets coupants, des appareils dangereux, se défenestrer, etc. mais heureusement, on peut généralement évaluer le danger d'un accès de somnambulisme, car il se répète souvent sur le même mode.

Il existe plusieurs solutions pour gérer les crises de somnambulisme de votre enfant :

- recouchez votre enfant en veillant bien à ce qu'il ne se blesse pas, mais ne le réveillez pas ;
- pour diminuer la fréquence des accès de somnambulisme, veillez à ce que votre enfant ait un rythme régulier et suffisamment d'heures de sommeil ;
- si les accès de somnambulisme sont fréquents et qu'ils sont à risque, discutez-en avec votre médecin, qui peut prescrire à votre enfant un traitement spécifique.

Terreurs nocturnes

Elles surviennent pendant la phase de sommeil lent et profond chez 5 % des enfants, généralement entre 3 et 6 ans (60 % des cas sont des filles). Ensuite, elles deviennent plus rares et disparaissent totalement à la puberté.

La crise de terreur nocturne suit souvent le même canevas :

- début brutal en première moitié de nuit, une à trois heures après le coucher ;
- l'enfant s'assied dans son lit et se met à crier, à hurler ;
- il a les yeux grands ouverts, respire de façon saccadée, est couvert de sueur et a le cœur qui bat rapidement ;
- il a parfois des gestes de défense ;
- il est impossible de le rassurer et il ne répond

pas aux sollicitations ;
- la crise dure de 1 à 20 minutes puis l'enfant se rendort brutalement ;
- il ne se souvient de rien le lendemain matin ;
- il n'y a qu'une crise par nuit.

Ces crises sont sans gravité. Elles sont différentes des cauchemars qui réveillent l'enfant reconnaissant son entourage et ayant des difficultés à se rendormir. Lorsque votre enfant a des terreurs nocturnes :

- surtout, ne le réveillez pas. Laissez-le dormir et attendez qu'il s'apaise. Surveillez qu'il ne se blesse pas, si jamais il se débattait ;
- vous pouvez lui parler doucement ou lui chanter une berceuse ;
- veillez à ce qu'il ait un rythme régulier et des heures de sommeil suffisantes afin de diminuer les crises.

Somniloquie

L'enfant parle dans son sommeil et ses paroles s'accompagnent souvent d'une émotion. Ce phénomène touche la moitié des enfants et est parfaitement anodin. Il ne nécessite aucun traitement.

Bruxisme nocturne

Le bruxisme est le grincement des dents pendant le sommeil. Il apparaît souvent après la poussée des incisives. Comme, à long terme, le frottement des dents a pour effet de les user, il faut consulter un dentiste si le bruxisme est important. Celui-ci prescrira une plaque occlusive qui empêchera le contact des dents durant la nuit.

Énurésie nocturne

Il s'agit d'une miction involontaire se produisant pendant le sommeil, à un âge où le contrôle de la vessie est normalement acquis (à partir de l'âge de 4-5 ans). Elle peut être primaire (l'enfant n'a jamais été propre) ou secondaire (l'enfant est resté propre jour et nuit plus de six mois d'affilée mais se remet à faire pipi au lit).

L'éducation et la mise en place de mesures comportementales à la maison sont un élément-clé. Comme ces mictions ont un caractère involontaire, il ne s'agit surtout pas de gronder et de culpabiliser son enfant, mais bien de l'encourager à aller à la toilette avant d'aller au lit, de ne plus rien lui donner à boire une heure avant le coucher, de ne pas lui mettre de couche mais de le responsabiliser en l'invitant à changer ses draps en cas d'accident, etc.

Un « calendrier soleil » où l'enfant pourra dessiner un soleil chaque fois qu'il aura passé une nuit au sec sera d'une grande aide. Non seulement il permet de résoudre le problème dans 30 % des cas, mais il permet également de visualiser la fréquence et la répartition des accidents en y dégageant parfois un événement particulier qui pourrait expliquer l'énurésie.

Chez les plus grands, une alarme sonore appelée « pipi-stop » leur permet de se réveiller et d'aller aux toilettes.

Dans les cas les plus sévères, une prise en charge médicamenteuse ou psychologique peut s'avérer nécessaire.

FAQ

QUE FAIRE SI MON ENFANT REFUSE D'ALLER AU LIT ?

Le refus d'aller se coucher peut exprimer différentes choses.

Les pleurs peuvent simplement être une manière d'exprimer la fatigue d'une journée riche en émotions et découvertes.

Si votre nouveau-né se raidit dès que vous approchez de son lit, c'est que le lit représente certainement pour lui un certain inconfort ou une source d'angoisse. Vérifiez tout d'abord le confort et la sécurité du lit : pas de plis dans les draps ou alèzes, pas de risques de blessure avec les barreaux du lit, etc. Ensuite, faites du lit un endroit accueillant où votre petit pourra se distraire avec quelques jouets et un mobile. Mais attention, ne faites cela que si votre enfant a des appréhensions pour rester dans son lit, car la fonction de ce dernier doit rester le sommeil. Lors des premières semaines de vie, vous pouvez installer votre nouveau-né dans un couffin que vous placerez dans le lit : un environnement plus restreint lui apporte en effet un sentiment de sécurité.

Chez l'enfant plus grand, vers 8 ou 9 mois, les pleurs peuvent traduire l'angoisse de séparation avec les parents. Dans ce cas, vous pouvez le rassurer en l'installant dans le lit avec un doudou qu'il aime et en allant dans une pièce voisine où il pourra vous entendre.

Vers 2 ou 3 ans, le refus d'aller au lit peut être une façon de prouver qu'il est grand ou signifier sa difficulté d'arrêter une activité qui lui plaît. C'est à vous qu'il revient d'imposer le coucher. Soyez ferme mais toujours bienveillant(e) et préparez-le le plus possible au coucher (en instaurant un rituel, en le prévenant qu'il va bientôt devoir monter, etc.).

ASTUCE

Il existe de petits livres pour enfants qui traitent du sommeil et que vous pouvez lire ensemble au moment d'aller se coucher.

MON NOUVEAU-NÉ DOIT-IL DORMIR DANS MA CHAMBRE OU BIEN TOUT SEUL ?

Il n'y a pas de règles universelles. Testez ce qui convient le mieux à votre enfant. Si votre bébé dort dans un berceau auprès de vous et fait de nombreux réveils nocturnes, c'est peut-être dû à votre présence, même si vous faites attention à être silencieux.

D'autres bébés dorment mal tout seuls et ont besoin d'être rassurés par une présence durant les premières semaines. Le bébé peut également dormir avec son grand frère ou sa grande sœur.

COMMENT SAVOIR SI MON ENFANT A SUFFISAMMENT DORMI ?

Votre enfant dort suffisamment :

- s'il se lève le matin sans trop de difficultés ;
- si ses journées se passent bien (pas de colères, de signes de fatigue, etc.) ;
- s'il n'est pas surexcité le soir.

Si vous avez des inquiétudes et que vous voulez savoir combien d'heures de sommeil lui sont nécessaires, laissez-le dormir jusqu'à ce qu'il se réveille spontanément de lui-même pendant plusieurs jours. Ensuite, veillez à ce qu'il bénéficie du même nombre d'heures de sommeil.

Si votre enfant dort énormément et que, malgré cela, il n'est pas en forme, interrogez-vous sur la qualité de son sommeil et consultez votre médecin pour clarifier la situation. Une pathologie, comme une obstruction nasale ou un reflux gastro-œsophagien, par exemple, l'empêche peut-être de récupérer convenablement.

QU'EST-CE QUE LA CHRONOTHÉRAPIE ?

La chronothérapie est une méthode thérapeutique utilisée pour les personnes qui présentent des troubles du rythme veille/sommeil (retard de phase) et qui consiste à décaler l'heure du coucher et l'heure du lever de trois heures chaque jour (ou tous les deux jours), avec interdiction de sieste, jusqu'à ce que les heures de sommeil et de lever reviennent à la normale.

Le protocole est assez contraignant et nécessite une grande motivation. Il se passe généralement en milieu hospitalier. Cette technique peut être utilisée chez les adolescents qui ont un grand décalage horaire permanent. Par exemple, si votre enfant s'endort toujours à 2 h du matin et se lève à 12 h 30, on lui proposera le premier jour d'aller se coucher à 5 h du matin et de se lever le jour suivant à 15 h 30, etc. Finalement, la septième nuit, il se couchera à 22 h et pourra reprendre ainsi un horaire normal.

Votre avis nous intéresse !
Laissez un commentaire sur le site de votre librairie en ligne
et partagez vos coups de cœur sur les réseaux sociaux !

POUR ALLER PLUS LOIN

SOURCES BIBLIOGRAPHIQUES

- LANGEVIN (Brigitte), *Comment aider mon enfant à mieux dormir ?*, Québec, Mortagne, 2009.

- MENNIG (Miguel), *Le sommeil, mode d'emploi*, Paris, Eyrolles, 2003.

- OWENS (Judith) *et alii*, « Television viewing habits and sleep disturbances in school-aged children », in *Pediatrics*, n° 104 (3), 1999.

- SOLARO (Marjolaine), *120 astuces pour que bébé fasse ses nuits*, Paris, First, 2015.

- SOLTER (Aletha), *Pleurs et colères des enfants et des bébés*, Suisse, Jouvence, 2015.

- TRUCHIS (Chantal de), *L'éveil de votre enfant. Le tout-petit au quotidien*, Paris, Albin Michel, 2009.

- VALLETEAU DE MOULLIAC (Jérôme), GALLET (Jean-Paul) et CHEVALIER (Bertrand), *Guide pratique de la consultation en pédiatrie*, Paris, Elsevier Masson, 2005.

- VONLANTHEN (Alan), « La science de la sieste », in *PodcastScience.fm*, juillet 2012, consulté le 15 mai 2016. http://www.podcastscience.fm/dossiers/2012/07/19/la-science-de-la-sieste

- « Le sommeil du nourrisson », in *Le sommeil, les rêves et l'éveil*, consulté le 15 mai 2016. https://sommeil.univ-lyon1.fr/articles/challamel/prosom/train2.php

- « Le marchand de sable est passé », in *Les expressions françaises décortiquées*, 2006, consulté le 15 mai 2016. http://www.expressio.fr/expressions/le-marchand-de-sable-est-passe.php

SOURCES COMPLÉMENTAIRES

- *De bonnes habitudes de sommeil, ça s'apprend*, consulté le 20 juillet 2017. http://www.brigittelangevin.com

- PÉRÉMARTY (Guilhem), « Questionnaire de "Somnol-Enfance" pour le dépistage de la somnolence excessive chez l'enfant », in *Sommeil et médecine générale*, 2008, consulté le 21 juin 2017. http://www.sommeil-mg.net/spip/questionnaires/somnolenfance.pdf

- RINALDI (Romina), *Faire dodo rend-il beau ? 60 questions étonnantes sur le sommeil*, Bruxelles, Mardaga, 2017.

- THIRION (Marie), *Le sommeil, le rêve et l'enfant*, Paris, Albin Michel, 2002.

- VAN DER KAA (Dominique), *Comment accueillir bébé ?*, Bruxelles, Lemaitre Publishing, 2016.

- VAN DER KAA (Dominique), *Comment aider mon enfant à ne plus faire pipi au lit ?*, Bruxelles, Lemaitre Publishing, 2016.

- VAN DER KAA (Dominique), *Comment calmer les pleurs de bébé ?*, Bruxelles, Lemaitre Publishing, 2016.

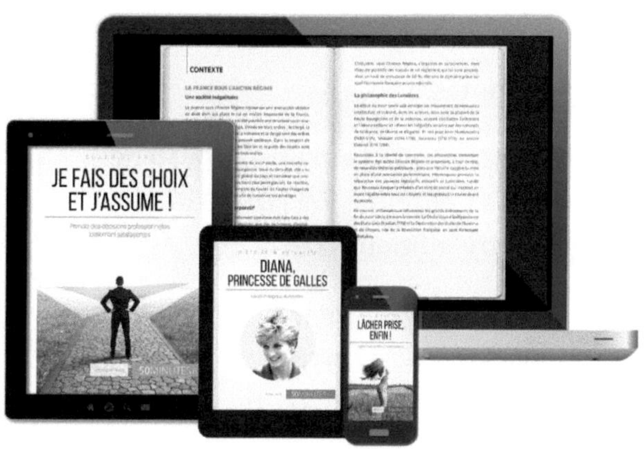

Éditeur responsable : Lemaitre Publishing
Avenue de la Couronne 159 | BE-1050 Bruxelles
info@lemaitre-editions.com

ISBN ebook : 9782808003186
ISBN papier : 9782808003193
Dépôt légal : D/2017/12603/341
Photo de couverture : © Alexandr Vasilyev – Fotolia.com

Conception numérique : Primento,
le partenaire numérique des éditeurs.